Collection

DE M.

O. RAYET

CONDITIONS DE LA VENTE

———

Elle sera faite au comptant.

Les Acquéreurs paieront CINQ POUR CENT en sus des enchères.

~~~~~~~~~~

Le Catalogue servira de carte d'entrée pour l'exposition particulière.

Paris. — Alcan-Lévy, imprimeur breveté, 61, rue de Lafayette.
~~~~~~~~~~

CATALOGUE

DE LA COLLECTION

d'Antiquités Grecques

DE M.

O. RAYET

DONT LA VENTE AUX ENCHÈRES PUBLIQUES AURA LIEU

HOTEL DROUOT

Les vendredi 4 et samedi 5 avril 1879

A DEUX HEURES TRÈS PRÉCISES

Par le ministère de Me MAURICE DELESTRE, Commissaire-priseur,
rue Drouot, 27

Assisté de MM. ROLLIN et FEUARDENT, Experts,
rue et place Louvois, 4.

EXPOSITIONS

PARTICULIÈRE, le mercredi 2 avril 1879, de 1 à 5 heures.
PUBLIQUE, le jeudi 3 avril 1879, de 1 à 5 heures

PARIS, 1879

Honoré de fonctions auxquelles je désire consacrer tout mon temps, je crois devoir me défaire d'une collection dont l'entretien et l'accroissement m'ont trop préoccupé pendant ces dernières années.

La plupart des antiques aujourd'hui offerts aux amateurs ont été exposés au Trocadéro, et l'opinion des connaisseurs sur leur compte est d'ores et déjà formée. Favorable ou défavorable, je ne saurais la modifier, et, le pourrais-je, que je ne chercherais point à le faire. Je ne dirai donc rien ni de ce qui m'a tenu le plus à cœur dans mes acquisitions, ni des folies que j'ai parfois faites, ni de l'intérêt que me paraît avoir l'ensemble réuni par moi. Je m'efforcerai aussi d'être, dans mes descriptions, aussi concis que possible, et de me garder de toute complaisance qui ferait trop voir, derrière l'auteur du catalogue, le possesseur des objets catalogués.

Si, pour quelques pièces que je considère comme d'une importance exceptionnelle, j'ai cru nécessaire de donner un peu plus de détails et si, par là, j'ai été entraîné à indiquer mon sentiment, on voudra bien, je l'espère, reconnaître que je l'ai fait avec discrétion.

O. R.

COLLECTION

DE M.

O. RAYET

I

Objets en marbre et en pierre

1. Tête en marbre pentélique, haute de 0^m,31, trouvée à Athènes, au Céramique extérieur. Les cheveux courts et peints en brun-rouge sont ramenés en avant; les yeux sont saillants et posés obliquement; les lèvres, encore recouvertes d'une légère teinte rose, sont enfoncées et serrées, les muscles des joues très accusés, le cou gros et fort. L'ensemble exprime la vigueur et l'habitude d'un effort violent, et, en effet, les oreilles froissées et tuméfiées prouvent que notre tête provient d'une statue d'athlète: ces déformations et ces tumeurs, suites des coups de poing reçus, étaient des accidents ordinaires aux pugilistes, et les artistes n'avaient garde d'omettre un détail aussi caractéristique. Comme le Céramique extérieur était un lieu de sépulture particulièrement honorable et recherché, et que de plus l'érection d'une statue sur la tombe ne pouvait avoir lieu qu'avec l'autorisation du peuple, il est à croire que notre athlète était un personnage célèbre, probablement un vainqueur à l'un des grands jeux de la Grèce

L'exécution de ce marbre remonte au milieu du vi^e siècle avant Jésus-Christ, à l'époque des Pisistratides, et la rare conservation des couleurs prouve qu'il n'est resté que peu de temps exposé à l'air : peut-être le monument dont il faisait partie a-t-il été détruit par les Perses lorsqu'ils dévastèrent Athènes, dans l'hiver de 480-479. Quoi qu'il en soit, il y a dans le modelé, surtout du bas du visage, des délicatesse de touche et une recherche de la forme qui révèlent la main d'un grand artiste, et mettent cette tête, avec celle dont M. G. Rampin est le possesseur et la stèle de Xénophantos, conservée au Musée d'Athènes et signée du nom d'Aristion de Paros, au premier rang parmi les œuvres de l'époque archaïque parvenues jusqu'à nous.

Ce marbre a été gravé par M. Dubouchet et décrit par moi dans les *Monuments publiés par l'Association pour l'encouragement des études grecques en France*, 1877. Il en a encore été dit quelques mots, par moi dans la *Gazette des Beaux-Arts*, août 1878, et par M. Fr. Lenormant dans la *Contemporary Review*, septembre 1878.

2. Poids rectangulaire en marbre, surmonté de deux seins reliés l'un à l'autre par une anse. Il pèse 3 kil. 405 grammes, ce qui, en tenant compte de la perte causée par l'usure et par quelques cassures aux angles, se rapproche beaucoup du poids de huit mines attiques (3,490).

Ile d'Amorgos.

3. Petite plaque rectangulaire en marbre, portant, en deux lignes et en caractères de la seconde moitié du ive siècle, le nom de femme Ἀμφίκλεια. L. 0,12 ; H. 0,075.

Cette plaque et une vingtaine d'autres du même genre ont été trouvées à Pagæ en Mégaride, encastrées dans les dalles des tombeaux qui renfermaient les terres cuites désignées à Paris sous le nom de figurines de Mégare.

4 à 9. Trois haches de pierre, un marteau et deux pilons, trouvés dans la petite île de Kéros, au sud de Naxos.

10 à 11. Deux Alabastra en albâtre, trouvés en 1872 dans le même tombeau, sur les flancs du Lycabette. H. 0,31.

Athènes.

II

Objets en or et en argent

12. Pendeloque en or, formée de deux plaques soudées. Elle représente une tête de Silène, et date vraisemblablement des derniéres
années du vi° siècle.
Ile de Chypre.

13. Phiale en argent, à bouton central ou nombril (φιάλη ὀμφαλώτος)
provenant d'un tombeau archaïque de Tanagra. Elle est ornée
de fleurs de lotus, faites en repoussé, et la fabrication en est
égyptienne ou, moins probablement, phénicienne. La découverte
en pleine Béotie de ce produit d'une industrie étrangère montre
quelle extension avait encore, au viii° et au vii° siècle, le commerce de transit des Phéniciens.
Diamètre : 0,20.

III

Bronzes

14. Génie, la figure enfantine et souriante, les cheveux bouclés et
relevés en touffe au-dessus du front ; sur ses épaules est une
nébride, le reste du corps est nu ; le bras droit redressé porte la
main à la hauteur de la tête ; le bras gauche soulève et maintient un des pans de la nébride, sur lequel sont posés des raisins,
des pommes, une grenade et une pomme de pin ; les jambes sont
coupées à mi-cuisses, ce qui prouve que la statuette était fixée
sur un autre objet. H. 0, 10.
Sparte.

15. Plaque votive. Sous un édicule ionique, renfermé lui-même
dans un temple de même ordre et dont les colonnes sont en

spirale à leur partie inférieure, est assise la mère des Dieux, coiffée du Polos, tenant à la main gauche un long sceptre et appuyant la droite sur un cippe. A ses côtés est un lion, et derrière une déesse debout (sans doute Phéréphatta). Des deux côtés, les deux consécrateurs de l'ex-voto, représentés comme des cadmiles.

Thessalonique.

16. Main votive. Le pouce, l'index et le médius sont étendus, les deux derniers doigts repliés. Le médius a été retaillé et aminci au couteau et à la lime. Sur le poignet, on lit, en caractères du IIᵉ siècle après J.-C., l'inscription : Ἀθηναίς ἀνάθεμα Διὶ Σαβαζίῳ (Athénaïs : consécration à Zeus Sabazios). La forme particulière donnée au médius indique quel avait été le motif de cette consécration : Athénaïs avait un doigt desséché, et demandait au dieu sa guérison.

On possède un assez grand nombre de représentations de membres ou de parties malades dédiées soit à Esculape, soit à Aphrodite, soit à Zeus Hypsistos, et quelques inscriptions de l'Asie Mineure donneraient à penser que Zeus Sabazios avait été, lui aussi, invoqué comme guérisseur. Mais aucun ex-voto de cette espèce consacré à ce dieu n'était connu jusqu'à ce jour.

Sabazios est un dieu dont le culte était fort ancien et fort répandu en Phrygie et en Lydie. Les Grecs l'ont assimilé le plus souvent à Zeus, quelquefois aussi à Dionysos. Son nom est orthographié dans les inscriptions de plusieurs manières différentes.

La main consacrée par Athénaïs provient de l'Asie Mineure.

17. Serpent votif en bronze, dressant la tête et prêt à s'élancer. Le modelé est d'une vérité et d'une puissance saisissantes.

Athènes.

18 à 23. Six tablettes d'Héliastes, provenant de tombeaux de l'Attique. C'est au moyen de ces tablettes que les citoyens appelés chaque année à siéger comme juges faisaient reconnaître leur qualité et obtenaient l'entrée du tribunal. Elles portent toutes le numéro d'une des dix sections entre lesquelles les juges étaient répartis, le nom du titulaire, celui de son dème en abrégé, et, à partir d'une certaine époque, celui de son père. De plus, sur un certain nombre ont été frappés des poinçons de contrôle destinés à rendre plus difficiles les contrefaçons. On ne connaît encore, en

comprenant dans le nombre les six ici cataloguées, que cinquante-trois de ces tablettes, dont vingt-huit entières et vingt-cinq réduites à l'état de fragments.

Voici les inscriptions de nos six tablettes :

1° — Δ. Θάλλος Ἀθμονεύς.

Quatrième section : Thallos d'Athmone.

2° — Β. Θετταλὸς Προσπάλτιος.

Seconde section : Thessalos de Prospalta.

3° — Θ. Δημήτριος Πτελε(άσιος).

Huitième section : Démétrios de Ptéléa.

(Deux timbres, l'un indistinct, l'autre portant une chouette.)

4° — Ε. Δημόστρατος Λυσί (—?) Εὐωνυ(μεύς).

Sixième section : Démostratos, fils de Lysi (— ?), d'Euonymon.

5° — Α. Διονύσιος Διονυ(σίου) ἐκ Κοίλης.

Première section : Dionysios, fils de Dionysios, de Cœlé.

(Trois timbres : chouette de face, double chouette, gorgonion de face.)

6. — Α Η Φ Λύσων Φιλισ (—?) Στειρι(εύς).

Première section, septième section, conseil des cinq cents (?). Lyson fils de Philis (—· ?), de Steiria.

(Deux timbres : tête féminine, et gorgonion).

J'ai dressé la bibliographie des tablettes d'Héliastes, donné la reproduction et la lecture des six qui précèdent, et indiqué les difficultés d'interprétation que soulève la dernière, dans l'*Annuaire de l'Association pour l'encouragement des études grecques*, 1878.

24. Imhotep, dieu de la science et de la médecine, assis et tenant sur ses genoux un rouleau de papyrus déployé. Il est coiffé du serre-tête, et a un riche collier sur les épaules. Son vêtement est un pagne court. Ses yeux sont incrustés d'argent. Sur le rouleau de papyrus on lit l'inscription : « Imhotpou fils de Phtah, » et sur le socle : « Imhotpou à la belle face de Hiket-Hor (?). » H. 0, 12.

Imhotep est représenté d'ordinaire avec la robe longue des prêtres. On ne connaît que trois statuettes où il porte le pagne court des hommes du peuple. Celle-ci est de beaucoup la plus belle. Elle doit remonter à l'époque saïte ou même à un âge plus ancien encore. Cette statuette, qui ornait l'extrémité d'un bâton sacerdotal, provient de la Basse-Egypte, très probablement de Memphis.

25. Isis, la tête surmontée du disque solaire entre les cornes de
vache, est assise et tient sur ses genoux le petit Horus. Elle le
soutient de la main gauche, tandis que de la droite elle se presse
le sein. Sur la base, plusieurs noms propres. Cette statuette
ornait l'extrémité d'un bâton sacerdotal. H. o, 22.

Basse-Egypte, probablement Memphis.

IV

Plaques de terre cuite

ESTAMPÉES ET DÉCOUPÉES

26. Plaque longue de o,35, haute de o,16, provenant d'un tombeau
du Pirée. Elle représente le second acte des funérailles, le trans-
port du mort au lieu de la sépulture (ἐκφορά). Le cadavre, la tête
découverte, le corps enveloppé d'un manteau, est étendu sur le
lit où il a été exposé la veille; ce lit est placé lui-même sur le
tablier d'une charrette attelée de deux chevaux, et dont les roues
sont construites de la manière la plus ancienne, avec des tra-
verses au lieu de rayons. Tout autour s'avancent les personnes
admises par la loi à faire partie du convoi : d'abord une femme,
l'ἐγχυτρίστρια, portant sur la tête le vase (χυτρίς) destiné aux
libations; puis deux parentes, vêtues comme l'enkhytristria du
costume le plus solennel, deux tuniques superposées et un himation. Celles-ci, les cheveux dénoués, joignent leurs gestes de
douleur à la lamentation funèbre. Deux jeunes gens en costume de guerre, les fils peut-être, marchent à leur suite et semblent, comme dans les μυριολογίαι de la Grèce moderne, inter-
peller le mort et lui reprocher d'avoir abandonné les siens. La
marche est fermée par le joueur de double flûte, chargé d'accom-
pagner des sons les plus plaintifs de son instrument le thrène
psalmodié par la famille.

La scène de l'exposition du mort sur le lit de parade dressé
dans la maison mortuaire (πρόθεσις) est représentée sur une
plaque peinte du Musée du Louvre et sur plusieurs vases. Le
convoi funèbre, l'ἐκφορά, n'est figuré que sur une amphore de

style primitif, publiée par G. Hirschfeld (*Annali,* 1872, et *Mon-numenti,* t. IX, pl. 39, 40), sur un vase à figures noires, de dessin négligé, reproduit par Micali (*Monumenti per servir alla storia degli antichi popoli Italiani,* pl. 9) et sur la plaque ici décrite La représentation offerte par ce dernier monument est de beaucoup la plus intéressante. Elle prête à de curieux rapprochements avec les dispositions de la loi d'Iulis, publiée par Pittakis (Ἐφ.ἀρχ. 3527), et rééditée dernièrement par M. Köhle r(*Mitth. des D. Arch. Inst. in Athen,* t. I, p. 139). La scène est d'ailleurs bien composée, les figures groupées avec art, les attitudes graves et naturelles. Un reste de raideur dans les poses et les draperies fait reconnaître l'art du premier tiers du vᵉ siècle av. J.-C.

Cette plaque a été dessinée et décrite dans la *Gazette des Beaux-Arts,* août 1878.

27. Plaque haute de 0,22 et large de 0,30. Elle représente la reconnaisssance d'Électre et d'Oreste. Électre est assise, accablée de douleur, au pied de la stèle qui surmonte le tombeau d'Agamemnon. Auprès d'elle, posée sur les degrés du monument, est l'œnochoé destinée aux libations qu'elle vient de verser sur les cendres de son père. Derrière, comme dans la fameuse scène de la tragédie de Sophocle, se tient debout sa sœur Chrysothémis. A droite de la stèle, Oreste debout, et un pied posé sur les degrés du tombeau, se penche vers Électre et lui adresse la parole. Il porte sur sa tête le bonnet conique dont se coiffaient les habitants de la plus grande partie de la Grèce du Nord. La partie droite du tableau est occupée par Pylade, le pédagogue, et un des chevaux du char sur lequel Oreste et eux sont venus.

Quoique le sujet représenté soit un de ceux qui ont fourni à la tragédie attique ses plus admirables scènes, la composition ne correspond exactement ni aux *Choéphores* d'Eschyle, ni aux *Électres* de Sophocle et d'Euripide. Quoiqu'elle ne semble que de peu postérieure à la plus ancienne de ces trois pièces, et doive être presque contemporaine de la seconde, je ne sais si le modeleur ne s'est pas inspiré plutôt de quelque peinture inconnue de nous, que d'une mise en scène dramatique.

Quoi qu'il en soit de cette question, la même composition originale a donné naissance à deux séries de plaques estampées, voisines par la date, assez semblables par l'aspect général, mais différentes par quelques détails. De la première série, nous n'avons qu'un seul spécimen, la plaque de Photiadis-Bey, publiée par

A. Conze (*Annali* de 1861. *Monumenti*, VI, pl. 57) et aujourd'hui au Louvre : on y lit sur la stèle deux inscriptions fausses. Du second type, nous avons trois exemplaires : l'un, très mutilé et très restauré, est à Athènes; le deuxième appartient à M. de Bammeville et a été exposé par lui au Trocadéro; le troisième, que j'ai jadis choisi comme le mieux conservé et le plus beau, est celui présentement décrit. Tous trois ont été trouvés ensemble, au Pirée, et j'ai tout lieu de croire que la plaque de Photiadis-Bey, donnée comme découverte à Milo, a la même origine.

28. Plaque haute de 0,17, longue de 0,20, trouvée, m'a-t-on assuré, dans la Locride Opontienne. Aphrodite, entièrement vêtue, comme on l'a représentée jusqu'au milieu du IVe siècle, monte sur un char attelé de deux griffons, sur lequel se tient déjà Éros, nu et muni de grandes ailes.

Une plaque de sujet semblable, mais où la position relative des deux divinités est différente, a été publiée par Welcker (*Annali* 1830, p. 64. et *Monumenti*, t. I, pl. 18). L'illustre archéologue, a proposé d'y reconnaître Hécate et Éros. Son opinion, quoique défendue avec beaucoup d'érudition, est certainement erronée.

La plaque de ma collection est beaucoup plus belle que celle publiée par Welcker; elle appartient, comme les précédentes, à l'art sévère de la première moitié du Ve siècle. Une reproduction par la photogravure en est insérée dans le *Bulletin de correspondance hellénique* de la présente année.

29. Sphinx accroupi, les ailes éployées, la tête surmontée du polos. H. 0,10.
    Phocide.

30. Coq votif. H. 0,09.
    Phocide.

V

Terres cuites de la Locride

Les·terres cuites de la Locride ne sont connues que depuis peu d'années; la découverte en est due aux fouilles faites accidentellement par les habitants de Livanates et de Malessina et aux recherches entreprises de tous côtés, après l'épuisement de la nécropole de Tanagra, par les fouilleurs de profession qui l'avaient si fructueusement exploitée.

Ces terres cuites sont presque toujours d'une exécution fort grossière ; mais, précisément à cause de leur caractère populaire, elles offrent parfois un grand intérêt mythologique.

31. Idole féminine de l'époque primitive, en forme de planche ou ξόανον. Sur sa tête est le polos ; quatre longues tresses tombent de chaque côté sur ses épaules, et ses bras sont croisés sur sa poitrine La partie inférieure du corps est informe. H. 0,15.
    Oponte.
    Je crois le type de cette figurine unique.

32. Aphrodite debout, vêtue de la tunique talaire et du diploïdion. Sur sa tête est posé le voile nuptial jaune, qu'elle écarte de la main droite pour montrer son visage, comme le faisait la mariée au moment du banquet de noce : de la main gauche elle se presse le sein en signe de fécondité. H. 0,26.
    Oponte.

33. Divinité féminine (Déméter ou Aphrodite) assise sur un siége sans dossier, les pieds posés sur un hypopodion (tabouret). Elle a sur la tête un diadème, et son costume se compose de la tunique talaire avec des manches et une bordure jaunes, et du diploïdion. H. 0,12.
    Oponte.

34. Personnage nu, la chlamyde rejetée sur le bras gauche, la tête coiffée d'une sorte de bonnet phrygien, debout sur un petit chariot à deux roues que traîne un bouc à tête humaine. H. 0,12. L. 0,09.
    Oponte.

J'ai vu deux autres exemplaires, moins bien venus au moule, du même sujet; l'un fait partie de la collection de M. C. Lécuyer, l'autre est à Athènes. J'avoue d'ailleurs ne pas connaître l'explication de cette représentation : peut-être faut-il voir dans le personnage monté sur le char Ganymède ou Éros. Sur un bas-relief du Louvre, ce dernier est en effet monté sur un char traîné par des boucs. Mais ici, le bouc a une tête humaine parfaitement distincte.

35. Apollon debout, tenant devant lui un trépied, et se détachant en haut relief sur une plaque rectangulaire. A droite et à gauche de la tête du dieu sont peintes en jaune, sur le fond blanc de la plaque, une couronne et une palme. H. o,2o.

Oponte.

36. Divinité féminine, debout, sous un édicule ionique. Sa tête est surmontée d'un polos sur lequel est posé un voile qui descend derrière les épaules. Elle est vêtue de la tunique talaire et d'un ample ampéchonion ; son bras droit est pendant, son bras gauche relevé porte un objet malheureusement indistinct, peut-être une tête de porc. A côté d'elle et à sa gauche, est un cippe rectangulaire sur lequel est posée une œnochoé. H. o,38.

Oponte.

Les images d'une déesse accoutrée à peu près de même sont assez fréquentes à Thisbé, à Thespies et à Oponte. M. Fr. Lenormant en a publié une dans la *Gazette Archéologique*, 1875, p. 91 et pl. 24 : il y reconnaît une Aphrodite, et en effet, la longue ceinture que tient la figurine décrite par lui paraît bien lui donner raison. Quant au type, qui nous occupe actuellement, de la déesse dans son temple, je n'en connais aucun autre exemple, et je ne sais s'il ne faudrait pas y reconnaître une Phéréphatta plutôt qu'une Aphrodite. Il est très regrettable qu'on ne puisse distinguer la nature de l'objet tenu par la déesse, et qui déterminerait sans doute son vrai caractère.

37. Aphrodite Énoplios (armée), debout, la chevelure ébouriffée, le corps recouvert de la tunique talaire et du diploïdion qu'une ceinture bleue serre autour de la taille; de la main droite elle entr'ouvre son voile; du bras gauche elle s'appuie sur un cippe; contre sa jambe gauche, est posé un bouclier. H. o,2o.

Oponte.

38. Divinité féminine (Aphrodite?) couronnée d'une stéphanè, vêtue de la tunique talaire et du diploïdion, et assise sur un trône à dossier; dans sa main gauche elle tient un objet qui semble être un fruit. H. 0,27.

Oponte.

39. Éros enfant, volant et tenant dans ses mains une lyre à neuf cordes. H. 0,16.

Oponte.

40. Ganymède debout, la chlamyde rejetée en arrière, le corps nu, la chevelure frisée et rayonnante; son bras droit tombe le long du corps, son bras gauche replié porte un coq. H. 0,35.

Les figurines de ce type sont fréquentes à Thespies et à Oponte; on en trouve aussi à Tanagra. Celle-ci m'a été vendue comme provenant de la Béotie, sans indication exacte de la localité; d'après la facture et la terre je la croirais plutôt d'Oponte. Ce qui me l'a fait choisir entre beaucoup d'autres, c'est sa grandeur exceptionnelle, la conservation et l'émail de la couleur carnée du corps, enfin et surtout l'ornementation très curieuse de la chlamyde.

Quant à l'identification de ces figurines avec Ganymède, je l'ai autrefois contestée; mais les arguments apportés par M. Fr. Lenormant (*Gazette Archéologique*, 1875, p. 89) me paraissent décisifs. Le coq est ici le symbole des désirs aphrodisiaques.

VI

Terres cuites de diverses villes de Béotie

41. Artémis Agrotéra (chasseresse), debout, vêtue de la tunique courte, le corps ceint d'une peau de panthère qu'assujettit une ceinture rouge, et les pieds chaussés de bottines ou endromides bleues à revers jaunes. Dans sa main droite, elle tient un grand arc. Derrière elle, un chien est couché. H. 0,21.

Thèbes.

Les couleurs, cuites au feu, sont d'une rare conservation. On sait, de plus, que les figurines de Thèbes sont extrêmement peu nombreuses.

42. Hermès Criophore, debout, coiffé du bonnet conique (κυνῆ), et revêtu d'une chlamyde agrafée sur l'épaule droite. Ses cheveux sont longs et bouclés; son bras droit pend le long du corps; son bras gauche, replié, porte un agneau. vᵉ siècle. H. 0,18.

Une statuette absolument semblable a été publiée comme venant de Tanagra, par M. A. Conze. (*Annali*, 1858, p. 347 et tav. d'agg. O). Une autre, pareille aussi, et trouvée à Thespies, a été rapportée de Grèce par M. Fr. Lenormant et publiée par M. de Witte (*Gazette des Beaux-Arts*, août 1866). Celle que je décris actuellement vient également de Thespies, en sorte qu'il est bien probable que la provenance indiquée par M. Conze pour celle décrite par lui est inexacte.

Les sculpteurs Éginètes Onatas et Callitélès avaient fait pour les Arcadiens de Phénéos, qui l'avaient consacrée à Olympie, une statue d'Hermès portant un bélier sous le bras et coiffé de la κυνῆ, comme notre figurine. Cette statue est décrite par Pausanias (V, XXVII, 6).

43. Héraclès Anapauoménos (Hercule se reposant). Le dieu, revêtu de la peau de lion qu'une ceinture maintient autour de son corps et dont le muffle lui sert de casque, est à demi couché sur un lit de repos ou clinè. Il appuie son coude gauche sur l'oreiller du lit et laisse nonchalamment son bras droit posé sur sa cuisse droite. Art du vᵉ siècle. L. 0,15 ; H. 0,12.

Thespies.

L'un des deux principaux cultes de Thespies était celui d'Héraclès, et le temple du dieu dans la ville était un édifice de la plus haute antiquité (Pausanias, IX, XXVII, 5).

Les représentations d'Héraclès Anapauoménos sont très rares. Il s'en trouve une sur un bas-relief de la Villa Albani. L'amour du Dieu pour le repos et les plaisirs est attesté par Ælien (*Var. Hist.*, 12, 15), par Diodore (IV, 14), par Ælius Aristide (p. 61). Euripide, dans une de ses pièces, le représentait au milieu d'un banquet, caressant un jeune garçon et disant : « Je joue, car, après chacun de mes travaux, j'aime ce qui me fait oublier mes peines. »

44. Éros nu, couronné, volant; sur ses ailes éployées on voit encore des restes de couleur violette. H. 0,28.

Thespies.

Éros, on le sait, était la grande divinité des Thespiens. Il avait

chez eux un temple fort ancien, où il était adoré sous la forme
d'une pierre brute, et où furent plus tard placés l'Amour en
bronze de Lysippe et le fameux Amour en marbre de Praxitèle.
Quant à la figurine qui nous occupe, la fierté avec laquelle ses
grandes ailes se déploient atteste qu'elle est l'œuvre d'une bonne
époque. Suivant un usage fort répandu dans la Béotie occidentale et méridionale, elle a été brûlée sur le bûcher.

45. Danseuse, vêtue de la tunique talaire et drapée dans une ample
calyptra, dans laquelle elle s'est embéguiné le visage de manière
à ne laisser voir que les yeux, le nez et le haut des joues. Une
saillie au-dessus du front indique que, sur la tête, est posé un
ampyx que le voile recouvre. La figurine est placée sur un socle
dont les angles sont formés par des pattes de lion et dont la
face antérieure est décorée de trois montants. H. 0, 24.
Béotie, Thespies ou Thisbé.
Le type de la Danseuse voilée est assez fréquent en Béotie;
M. Heuzey le considère comme en relation étroite avec le
culte de Déméter, sans dire en quoi consiste au juste à ses
yeux cette relation (*Figures de femmes voilées*, à la fin). Dans
un bas-relief d'Athènes, Hersé, Aglaure et Pandrose, dansant
devant Pan, sont représentées dans une attitude et avec un costume analogues. Dans d'autres représentations, ce sont les nym-
phes qui dansent ainsi voilées.
Ce qui distingue notre figurine du type ordinaire, c'est la base
ornée sur laquelle elle est placée.

46. Artémis debout, vêtue de la tunique talaire et portant le péplos
en écharpe. Plusieurs statues en marbre trouvées à Délos, et
d'autres plus petites découvertes à Athènes dans les fouilles faites
sur le flanc sud de l'Acropole, représentent la déesse dans la
même pose et avec le même ajustement. Comme ces statues,
notre figurine est de l'époque archaïque; elle doit remonter à la
fin du vi^e ou au commencement du ve siècle. H. 0,15.
Thisbé.

47. Coré debout, vêtue du péplos dorien, coiffée du polos. Les masses
de cheveux bouclés qui, en augmentant l'épaisseur du cou, ren-
dent plus majestueux le port de la tête, les bras pendants, les
plis verticaux du costume, donnent à cette figurine un aspect
monumental, une dignité austère, et font songer aux cariatides

de l'Érechthéion. L'exécution est assurément du milieu du
ve siècle. H. 0,29.

Thisbé.

Comme presque toutes les statuettes de Thisbé, celle-ci a été
brûlée sur le bûcher.

48. Divinité féminine, la figure jeune, le front surmonté d'une couronne, les cheveux longs et bouclés. Elle est vêtue d'un costume
barbare formé d'une tunique talaire, et, par-dessus, d'une longue
blouse à raies noires verticales. Sur ses épaules est une autre
pièce d'étoffe, probablement un voile qu'elle a laissé tomber de
sa tête, et dont elle retient de la main gauche une des extrémités.
Ses pieds sont nus. Elle pose sa main droite sur l'épaule d'une
toute jeune fille debout à côté d'elle. Cette figurine a été brûlée
sur le bûcher. H. 0,20.
Béotie occidentale (Thisbé?).

On ne peut guère reconnaître dans ce groupe que Déméter et
Coré, ou leur équivalent d'origine asiatique, Déo et Phéréphatta.
Le costume de la déesse-mère me ferait plutôt opter pour la
seconde identification.

49. Buste estampé d'Athéna, brûlé sur le bûcher. La déesse a la tête
surmontée d'un casque à double aigrette, et porte sur la poitrine
le gorgonion. Ses deux mains sont étendues en avant, et la
gauche tient une patère, la droite un oiseau. Ce dernier attribut,
on le sait, appartient d'ordinaire à Aphrodite, et non point à
Athéna. Il semble révéler l'intention d'identifier les deux déesses.
H. 0,14.
Béotie occidentale (Thisbé?).

VII

Terres cuites de Tanagra

SÉRIE ARCHAÏQUE ET MYTHOLOGIQUE.

50. Divinité féminine debout, et dont la tête seule est modelée, le
reste du corps en forme de galette ou de planche (ξόανον). —
Elle est coiffée d'un haut polos évasé, présentant en avant une

saillie en forme de rondelle, que surmonte un disque divisé par une croix en quatre compartiments dans chacun desquels est un point jaune. Sur les oreilles sont deux plaques rondes, cerclées de rouge, et dont le centre portait une peinture noire où je crois reconnaître un oiseau les ailes éployées. Sur les pommettes, deux taches rouges. Au cou, un collier décoré d'une pendeloque jaune. Les cheveux, divisés sur chaque épaule en trois tresses, sont peints en noir, les bras sont figurés par deux courts moignons, le costume simplement par quelques traits au pinceau. H. o, 31.

Les figurines de ce genre remontent à une antiquité fort reculée et se trouvent dans les pays où il y a eu des établissements phéniciens, à Corinthe, à Mégare, en Béotie, et surtout à Thèbes et à Tanagra ; il n'est pas impossible, quoique ce soit une pure conjecture, qu'il faille y reconnaître des images d'Astarté (Fr. Lenormant, *Gaz. arch.*, 1876, p. 68.)

Celle qui est ici décrite est certainement Béotienne, et très pro-bablement Tanagréenne ; c'est une des plus grandes, et de beau-coup la plus soignée qui soit connue.

51. Divinité féminine debout, coiffée du polos, et vêtue de la tunique talaire, par-dessus laquelle est jeté un long manteau. Deux appen-dices dirigés vers le haut et placés des deux côtés des épaules paraissent figurer les bras levés. H. o, 33.

Béotie, presque certainement Tanagra.

Cette figurine doit représenter la même divinité que la précé-dente et n'est pas d'une époque moins ancienne. Elle est, je crois, d'un type tout à fait unique.

52. Déméter assise sur un trône à haut dossier et à montants verti-caux, les pieds appuyés sur un hypopodion (tabouret). La déesse a sur la tête un voile vert qui retombe sur les épaules, et sa chevelure est surmontée d'un ampyx rouge, son cou orné d'un collier ; par-dessus sa tunique rouge, elle porte le long manteau royal, de couleur blanche, qui recouvre son épaule gauche, ses jambes, et se termine par une bordure noire. Les bras de la déesse sont posés sur ses genoux, et ses mains simplement peintes. La curieuse ornementation des montants du trône est également peinte avec grand soin. H. o, 17.

Béotie, presque certainement Tanagra

Les images de Déméter assise ne sont pas rares : mais ici, la

dimension et la conservation des couleurs sont tout à fait excep-
tionnelles. L'exécution paraît être de la première moitié du
vi° siècle.

53. Buste estampé de Déméter. La déesse porte un voile qui retombe
des deux côtés sur les épaules. Ses cheveux disposés en bandeaux
ondulés couvrent presque entièrement le front et projettent sur
le visage une ombre qui augmente encore la majesté de traits
d'une beauté sévère. Il existe d'assez nombreux bustes de Déméter :
celui-ci, qui est un des plus petits, est en même temps un des
plus beaux ; il est certainement du milieu du v° siècle
H. o, 15.
Tanagra.

54. Hermès Criophore debout, la tête coiffée du bonnet conique,
la chlamyde rejetée derrière le dos, le corps nu et peint en brun
rouge ; le dieu tient à deux mains par les pattes un bélier qu'il
porte sur ses épaules. H. o, 09.

L'intérêt de cette figurine vient de ce qu'elle a été trouvée à
Tanagra. Calamis, sculpteur de la première moitié du v° siècle,
avait fait pour les Tanagréens une statue d'Hermès que Pausanias (IX, xxii, 2) mentionne dans les termes suivants : « Quant
au surnom et au culte d'Hermès Criophore, la raison en est que
le dieu détourna des Tanagréens une maladie pestilentielle en
portant un bélier tout autour des murailles. C'est à cause de cela
que Calamis a fait pour eux une statue d'Hermès portant un
bélier sur les épaules. Celui des éphèbes qui est jugé le plus beau
fait, dans la fête d'Hermès, tout le tour des murailles en portant
de même un agneau sur ses épaules. »

Une monnaie de bronze de Tanagra, publiée par Prokesch-
Osten (*Arch. Zeit.*, 1849, p. 9, n° 12) montre que notre figurine
reproduit exactement l'attitude et le costume de la statue de
Calamis.

55. Hermès debout, la chlamyde rejetée sur l'épaule gauche le
corps nu et peint en rouge ; de la main droite, pendante, il
tient son pétasos dont un chien flaire le bord ; son bras gauche est
appuyé sur la hanche. H. o, 22.

Cette terre cuite a été trouvée à Tanagra, et j'en ai vu plusieurs
semblables, mais moins belles, de même provenance. Cela me
fait penser qu'elles sont la reproduction de quelque statue placée
dans un des temples de la ville ; l'aspect de la figurine, que l'on

peut grandir par la pensée, confirme cette hypothèse, et la largeur du modelé porte à croire que le modèle copié était une œuvre du milieu du vᵉ siècle. Peut-être était-ce l'Hermès Promachos mentionné par Pausanias (IX, xxii, 2).

56. Homme coiffé d'un pétasos (en partie brisé), vêtu d'une courte tunique noire simplement indiquée par la peinture, et chaussé de bottines jaunes ; il est assis à terre devant un feu de bois à côté duquel chauffe un grand pot à une anse ; dans la main droite il tenait un morceau de bois, aujourd'hui manquant, avec lequel il tisonnait ; dans sa main gauche est un pain rond et plat dont il a déjà écorné le bord : il a encore entre les dents une bouchée qui produit une grosseur du côté gauche de la mâchoire. Les couleurs, cuites au feu, sont parfaitement conservées. H. 0,09 ; L. 0, 13.

Tanagra.

Cette curieuse caricature, d'un faire si spirituel, doit dater de la fin du viᵉ ou du début du vᵉ siècle, et est d'un type unique ; elle et une douzaine d'autres de facture semblable, mais de sujets différents, ont été trouvées presqu'au début des fouilles de Tanagra, toutes dans un même groupe de tombeaux.

57. Homme barbu, la tête découverte, le corps revêtu d'une tunique blanche ornée par devant d'une bande brune, les jambes nues, galopant sur un cheval peint en jaune, dont le front est surmonté d'un ampyx. Figurine des premières années du vᵉ siècle. Les couleurs, cuites au feu, sont parfaitement conservées. L. 0, 10. H. 0, 14.

Tanagra.

58. Jouet d'enfant : cavalier coiffé du pétasos et juché sur un cheval gigantesque, dont il empoigne à deux mains la crinière. H. 0, 13.

Tanagra.

59. Enfant nu (Mômos) accroupi sur le sol. H. 0, 1
Tanagra.

VIII

Terres cuites tanagréennes

DU IVe ET DU IIIe SIÈCLES.

Les principaux articles ou ouvrages à consulter, au sujet de ces terre cuites, sont :

OTTO LÜDERS : *Ritrovamenti di terre cotte in Tanagra (Bullettino dell' instituto Archeologico*, n° V, mai 1874.

LÉON HEUZEY : *Recherches sur les figures de femmes voilées dans l'art grec (Monuments publiés par l'Association des études grecques*, n° 2, 1873).

OLIVIER RAYET : *Les figurines de Tanagra au Musée du Louvre (Gazette des Beaux-Arts*, avril, juin et juillet 1875).

L. HEUZEY : *Recherches sur un groupe de Praxitèle, d'après les figurines de terre cuite (Gazette des Beaux-Arts*, septembre 1875).

— *Nouvelles recherches sur les terres cuites grecques (Monuments publiés par l'Association des études grecques*, n° 5, 1876).

REINHARD KÉKULÉ : *Griechische Thonfiguren aus Tanagra*, Berlin, 1877.

O. RAYET : *l'Art grec au Trocadéro*, deuxième article (*Gazette des Beaux-Arts*, septembre 1878 et *les Beaux-Arts à l'Exposition universelle*, tome II).

60. Jeune femme debout, les cheveux ramenés en arrière et formant chignon, les oreilles ornées de pendants dont l'un a conservé sa dorure; son himation, après avoir passé sur l'épaule gauche, a glissé derrière le dos et revient en avant à mi-hauteur des cuisses, laissant ainsi tout le buste couvert simplement de la tunique; la main gauche l'empêche de tomber tout à fait, la main droite est posée sur la hanche.

On voit encore, dans l'intérieur de la figurine et dans le dos, les traces des radicelles qui avaient pénétré dans la tombe. H. 0,22.

Tanagra.

61. Jeune femme debout, coiffée du chapeau à poiǹte (tholia) et étroitement serrée dans son himation, sous lequel ses mains restent cachées. Son bras droit est replié, son bras gauche appuyé sur la hanche; le poids du corps porte sur la jambe gauche; la plinthe est antique, mais n'appartient pas à la statuette. H. 0,20.

Tanagra.

62. Jeune femme assise sur un siége carré, sans dossier et recouvert d'un coussin. Elle appuie le pied droit à terre, et pose le gauche sur un tabouret. Son himation laisse l'épaule gauche à découvert, et sous la fine étoffe de la tunique on aperçoit le sein. La tête, nue, est légèrement penchée, le regard dirigé en bas vers la droite, les traits finement modelés. Les cheveux sont ramenés en arrière et réunis en casque derrière l'occiput. H. 0,12.

Tanagra.

63. Jeune femme assise sur un rocher. Sa tête est découverte, ses cheveux, divisés par une raie, sont réunis derrière le cou en chignon. Son himation rose est étroitement entortillé autour du corps, et son bras droit, replié sur la poitrine, reste caché dessous; la main gauche s'appuie sur le rocher. Les jambes sont serrées l'une contre l'autre. H. 0,15.

Tanagra.

64. Jeune femme debout, la tête nue, les cheveux serrés deux fois par une bandelette et réunis par derrière en chignon. Elle est drapée dans un himation très ample, tient le bras droit relevé, l'autre appuyé sur la hanche, et fait porter le poids de son corps sur la jambe gauche. H. 0,21.

Tanagra.

65. Enfant debout. Sa chlamyde est rejetée derrière le dos, et son corps reste nu. Il marche d'un pas délibéré et tient à la main gauche le filet dans lequel est contenue sa balle. H. 0,14.

Tanagra.

66. Petite fillette debout, la tête nue, les cheveux ramenés en arrière et rassemblés en chignon. Elle tient à la main gauche le filet qui contient sa balle, et s'avance en souriant. H. 0,14.

Tanagra.

67. Jeune femme debout, la tête nue, drapée dans un himation qu'elle relève de la main gauche. La plinthe est moderne. H. 0,16.

Tanagra.

68. Éros debout, la tête ornée d'une couronne en forme de bourrelet, la chlamyde agrafée sur l'épaule droite et rejetée en arrière, le corps nu, les ailes éployées. Il tient dans sa main droite, pendante, une œnochoé. Debout à côté de lui, Psyché, sans ailes, la tête découverte, et vêtue de la double tunique des jeunes filles, s'appuie sur son épaule gauche et le regarde tendrement. H. 0,15.

Tanagra.

Dans le catalogue si consciencieusement dressé et si utile qu'il a joint à son *Essai sur le mythe de Psyché*, M. Collignon ne décrit (p. 95) que deux groupes en terre cuite représentant le même sujet : l'un également de Tanagra, mais différant comme composition, l'autre Smyrniote et doré. Ce dernier, que M. Collignon n'avait pu voir, a été publié récemment par M. Fr. Lenormant dans la *Revue archéologique* (octobre 1878, et pl. XIX). Le groupe ici décrit est donc la troisième terre cuite connue qui représente Éros et Psyché.

69. Enfant debout, les cheveux bouclés et entremêlés de feuilles de peuplier, la chlamyde rejetée sur le bras gauche, le corps entièrement nu, les jambes croisées. De la main gauche, il tient le filet qui renferme sa balle, et du bras droit, il s'appuie sur un rocher. Son pétasos est suspendu par un cordon sur son épaule gauche : il est recollé, mais bien mis à sa place antique. H. 0,16.
     Tanagra.

70. Jeune femme debout, dans l'attitude d'une marche lente, la tête nue, les cheveux disposés en couronne derrière la tête, les deux mains relevant le long himation dans lequel elle est enveloppée. H. 0,16.
     Tanagra.

71. Enfant debout. Sa chlamyde a glissé de ses épaules et son corps est nu. Dans les cheveux courts sont implantées, des deux côtés de la tête, des feuilles de peuplier. Il pose son poing gauche sur la hanche et appuie son bras droit sur des rochers. H. 0,17.
     Tanagra.

72. Femme debout, sur une plinthe à deux degrés. Faisant porter le poids de son corps sur la jambe gauche, elle fléchit la droite ; le bras gauche, couvert par l'himation, s'appuie sur la hanche, le bras droit replié soulève le manteau et la main sort de dessous l'étoffe. La tête, encadrée dans les bords du voile, est doucement penchée, le regard dirigé vers la droite. La tunique talaire forme

des plis profonds et chiffonnés qui semblent indiquer une étoffe de lin. L'attitude est souple et élégante, l'exécution plus poussée qu'elle ne l'est communément. H. 0,16.

Tanagra.

73. Silène velu, assis sur une outre presque vidée, posée elle-même sur un rocher. Son crâne aplati est chauve, son nez camard, sa barbe longue et blanche, sa tête enfoncée dans les épaules. Sa nébride est rejetée derrière le dos, et laisse le corps entièrement nu. De la main droite, appuyée sur le genou, il serre l'embouchure de l'outre; dans sa main gauche, étendue en avant, il tient une coupe sans pied, et semble offrir à boire aux passants. H. 0,13.

Tanagra.

74. Jeune femme debout, portant le poids du corps sur la jambe gauche, et se tournant pour regarder vers la droite. Sa tête est nue, ses cheveux frisés, serrés par un bandeau et réunis en boule sur la nuque. Son bras droit est replié sur la poitrine, par-dessous l'himation, et dans la main est un éventail; son bras gauche est abaissé et dans la main est une guirlande. H. 0,25.

Tanagra.

75. Jeune femme la tête nue, les cheveux ramenés en arrière et leurs tresses enroulées derrière la nuque; assise sur un rocher, elle tient entre ses mains un livre qu'elle déroule sur ses genoux et qu'elle lit attentivement. Je ne connais, parmi les terres cuites grecques, aucun autre exemple de cette représentation. H. 0,14.

Tanagra.

76. Éphèbe debout, la tête ceinte d'une couronne de fleurs, le torse nu, la chlamyde enroulée autour des reins et des jambes. Il la retient de la main gauche, et de la main droite il tient le filet qui renferme sa balle. H. 0,16.

Tanagra.

77. Jeune femme debout, la tête nue, les cheveux retenus par une opisthosphendoné, la main droite appuyée sur la hanche, la gauche abaissée et tenant un éventail. Son himation rose, après avoir passé sur son épaule droite, glisse derrière le dos et revient s'entortiller autour de l'avant-bras gauche, laissant ainsi le corps tout entier couvert seulement de la fine tunique blanche ornée

du côté droit d'une bande violette. Très simple d'attitude, très large de modelé, cette figurine est, à mes yeux, l'une des plus jolies qu'aient exhumées les fouilles de Tanagra; elle est, de plus, l'une des mieux conservées; le temps, en couvrant d'un voile léger ses couleurs, n'a fait peut-être que leur donner plus de charme. H. 0,17.
Tanagra.

78. **Jeune femme debout**, se tenant sur la jambe gauche, la jambe droite fléchie. L'himation dans lequel elle est drapée forme voile autour de sa tête et couvre ses deux bras, dont le droit est appuyé sur la hanche et le gauche pendant. Par-dessus son voile, elle porte une tholia. H. 0, 23.
Tanagra.

79. **Jeune femme** dans l'attitude d'une marche grave et lente. Son himation est enroulé autour du bras gauche, et son corps couvert simplement de la tunique. Elle a la tête nue, les cheveux divisés par une raie et rassemblés par derriére en tresses enroulées. Son bras droit est nu et sa main droite tient un éventail. H. 0,20.
Tanagra.

80. **Éphèbe** drapé dans sa chlamyde et assis sur un rocher. Sa tête est protégée par un pétasos à larges bords. H. 0,14.
Tanagra.

81. **Jeune femme accroupie**, la jambe droite très infléchie et supportant, avec le bras droit appuyé à terre, tout le poids du corps, le genou gauche plus élevé et la main gauche posée dessus. La tête, aux traits juvéniles et pleins, est dressée, et le regard est dirigé en avant. Les cheveux, disposés en tresses, sont rassemblés en torsade sur la nuque. L'himation est posé sur l'épaule gauche et est tombé du corps sur les cuisses. La fine tunique qui couvre seule le buste a glissé elle-même de l'épaule droite et laisse à nu cette épaule et un sein ferme et arrondi. Le modelé est d'une largeur et d'une simplicité beaucoup plus grandes que dans la plupart des terres cuites tanagréennes, et, malgré ses faibles dimensions, la figurine a toute l'ampleur et toute la dignité d'une statue. H. 0,11.
Tanagra.

On peut voir dans cette terre cuite, soit Coré occupée à cueillir des fleurs et dressant tout à coup la tête à l'approche d'Hadès (Cf. Heuzey, *Nouvelles recherches sur les terres cuites grec-ques*, II.), soit une joueuse de dés ou d'osselets, qui, après avoir joué son coup, attend celui de son adversaire.

82. Jeune femme debout, la tête nue, les cheveux ramenés en arrière et comme bouffés, le regard dirigé vers la droite. Elle appuie son bras droit sur la hanche et passe la main gauche par-dessous l'extrémité de l'himation souple et fin dans lequel elle est emmitoufflée. H. 0,19.

Tanagra.

83. Jeune femme debout, la tête nue, les cheveux emprisonnés dans un serre-tête et formant sur l'occiput une série de fri-sons. Elle se tient sur la jambe gauche, et, par-dessous son himation, pose son bras gauche sur la hanche, tandis que le droit est ramené sur la poitrine. H. 0,20.

Tanagra.

84. Jeune femme assise sur un siége carré, sans dossier et recou-vert d'un coussin ; ses cheveux bouclés tombent sur sa nuque, sa tête est penchée et tout son corps affaissé comme sous le poids de la douleur ; ses mains sont posées avec abandon, la droite sur la cuisse, la gauche sur le coussin du siége ; le pied gauche est appuyé sur un tabouret, le droit posé à terre. L'himation ample et lâche dans lequel la jeune femme est drapée laisse l'épaule et le sein gauche couverts seulement de la tunique. De nombreux restes de coloration se voient encore sur l'himation qui était bleu, sur les cheveux bruns, et sur les sandales rouges. H. 0,12.

Tanagra.

85. Éphèbe debout, la tête entourée d'une couronne de fleurs et coiffée d'un chapeau sans bord tout à fait semblable à un béret ; il est vêtu d'une tunique blanche et d'une chlamyde rose agrafée sur l'épaule droite ; de la main gauche, qui pend le long du corps, il saisit le bord de cette chlamyde ; sa main droite est appuyée sur la hanche ; ses jambes sont nues. Les couleurs sont remarquablement conservées, tant sur les chairs que sur les diverses parties du vêtement. H. 0,23.

Tanagra.

86. Bacchante debout, la jambe droite infléchie, l'autre portant
d'aplomb, le bras droit pendant, le gauche appuyé sur la
hanche, la tête légèrement tournée vers la gauche, les reins
cambrés et le ventre en avant. La chevelure, frisée et divisée par
une raie, est ramenée en arrière et bouffée pour donner plus de
hauteur à la tête ; sur la nuque elle forme un chignon ; les
oreilles sont ornées de pendants dorés ; un bracelet (ἀμφιδέα)
également doré est passé au bras droit, un peu au-dessous de
l'épaule. La tunique, blanche et plissée, est serrée par la ceinture immédiatement au-dessous des seins ; l'himation violet est
posé sur l'épaule gauche et enveloppe tout le bras gauche ; il
laisse l'épaule et le bras droit à découvert et revient s'entortiller
autour du poignet droit. Sur la poitrine est posée en sautoir la
nébride, attachée sur l'épaule droite. La crânerie de l'attitude, la
sensualité du visage, trahissent la courtisane. Les lignes sont
d'une admirable élégance et le modelé d'une science con-
sommée ; également grande est l'habileté avec laquelle est ar-
rangée la nébride, sur laquelle on distingue encore les traces
des doigts du modeleur. Je ne me crois pas obligé de taire
que, pour ma part, cette figurine m'a toujours semblé une des
trois ou quatre plus belles qui soient sorties des tombeaux de
Tanagra. Ajoutons que les couleurs sont d'une conservation
vraiment surprenante. H. 0,19.

Tanagra.

87. Petite fillette assise par terre, et jouant avec un canard dont elle
serre le bec de la main droite ; on sait que le canard était un
des oiseaux que les femmes élevaient et avec lesquels elles
jouaient le plus fréquemment dans la retraite du gynécée.
H. 0,10.

Tanagra.

88. Groupe grotesque de deux lutteurs, dont l'un a enlevé de terre
son adversaire en le saisissant par le milieu du corps ; celui-ci,
déjà presque suffoqué et la tête pendante sur l'épaule droite,
cherche de ses deux mains à se débarrasser de l'étreinte, en
même temps qu'il tente de donner à son vainqueur un croc-
en-jambe. H. 0,12.

Tanagra.

Un groupe semblable, trouvé dans un tombeau de Kertch

(Panticapée) et aujourd'hui conservé au Musée de l'Hermitage,
a été publié dans les *Comptes rendus de la commission impériale archéologique de Saint-Pétersbourg*, avec une interprétation toute différente.

89. Jeune femme debout, coiffée de la tholia, le bras droit caché
sous l'himation et appuyé sur la hanche, le bras gauche relevé,
la main à découvert et tenant un éventail. H. 0,18.
Tanagra.

90. Jeune femme debout et marchant ; des deux mains elle relève
son himation, ses cheveux sont enfermés dans un bonnet ou
κύστις H. 0,11.5.
Tanagra.

91. Jeune femme debout, exactement dans la même position que la
précédente, et sortie du même moule. Mais la tête, qui, dans
les figurines de Tanagra, est, on le sait, faite à part et appliquée
après coup, a été fixée un peu plus d'aplomb et n'est pas du
même modèle : les cheveux, au lieu d'être emprisonnés dans la
cystis, sont maintenus par une opisthosphendoné. La retouche
à l'ébauchoir a aussi dans ces deux figurines accentué un peu
différemment certains plis des vêtements. H. 0,11.5.
Tanagra.

92. Jeune femme debout, la jambe gauche portant d'aplomb, la
droite infléchie, le poing gauche sur la hanche, le bras droit
replié sur la poitrine, le visage embéguiné dans l'himation.
H. 0,11.5.

93. Jeune fillette debout, la tête nue, une courte tunique, qui
s'agrafe sur les deux épaules, mise par-dessus la tunique talaire
et serrée au-dessous des seins par une ceinture, les bras nus et
ballants. H. 0,11.
Tanagra.

94. Jeune fille debout, la tête nue, les cheveux peignés en arrière et
disposés en couronne sur l'occiput, le bras droit replié, le bras
gauche soulevant l'extrémité de l'himation dans lequel le haut
du corps est enveloppé. H. 0,11.
Tanagra.

95. Jeune fille marchant, la tête nue et les cheveux arrangés comme ceux de la précédente, le bras droit également replié, mais le bras gauche plus abaissé. H. 0,11.

Tanagra.

96. Jeune femme debout. Elle a fait passer son himation par-dessus sa tête, de manière à s'embéguiner le visage en même temps qu'elle se drapait. Elle est coiffée de la tholia ; ses deux mains sont cachées: la droite relève le manteau, la gauche tient à travers l'étoffe un objet rond et doré qui semble être une boîte de miroir. Je ne puis affirmer que cet objet appartienne bien à la figurine ; toutefois, l'ayant décollé, il m'a semblé que l'encoche dans laquelle est glissée la saillie qu'il forme en dessous était bien antique; la plinthe est moderne. H. 0,19.

Tanagra.

97. Femme debout, le corps porté sur la jambe droite, la jambe gauche infléchie, le pied posé sur une pierre, tout le haut du corps étroitement entortillé dans l'himation, le visage embéguiné, les deux bras cachés; le gauche est pendant, le droit est appuyé sur la hanche. H. 0,22.

Tanagra.

98. Tête féminine, les cheveux en désordre et épars, le visage contracté par un profond désespoir. Si l'on adopte le système des explications mythologiques, on y verra la tête de Déméter Achæa (Déméter douloureuse) pleurant sa fille ravie par Hadès. Cette tête appartenait à une figurine dont l'analogue, mais de dimensions moitié plus petites, existe dans la collection du Louvre. H. 0,06.

Tanagra.

99. Masque comique juvénile, les cheveux hérissés, les yeux écarquillés, la bouche ouverte. H. 0,06.

Tanagra.

100. Grand masque comique enfantin, les sourcils relevés, les yeux écarquillés, la bouche ouverte, le nez épaté, les joues pleines. H. 0,08.5.

Tanagra.

101. Masque satyrique, les sourcils froncés, les yeux saillants, le
nez écrasé, la bouche largement fendue, la longue barbe blanche
taillée en pointe. H. 0,08.5.

Tanagra.

IX

Terres cuites de diverses parties de la Grèce

102. Coré debout, vêtue du peplos dorien, les cheveux enfermés,
comme la décence l'imposait aux jeunes filles, dans un bonnet
ou cystis. La figurine est coupée à mi-corps : reine du monde
infernal, la déesse est censée sortir du sol et être encore en
partie cachée sous la terre. C'est ainsi que, dans le temple de
Déméter Thesmophoros, à Thèbes, la statue de la déesse n'était
visible que jusqu'à la taille (Pausanias, IX, xvɪ, 3. — Heuzey,
Figures de femmes voilées, p. 17 et 18). Le style, grand et
sévère, révèle une œuvre du milieu du v⁰ siècle. Le feu du bûcher
n'a laissé subsister que quelques traces de la couleur violacée
des vêtements. H. 0,15.

Athènes.

103. Tête de vieillard, le crâne chauve et osseux, les sourcils épais,
les yeux enfoncés, les pommettes saillantes, la mâchoire proémi-
nente, recouverte par une moustache épaisse, le menton garni
d'une longue barbe. H. 0,07.

Athènes.

104 et 105. Deux têtes de lions, ornements de gargouilles. Elles
sont modelées, et ont l'une et l'autre un caractère très différent.
Elles ont été trouvées au Pirée, derrière la douane moderne, sur
le terrain où s'élevait l'arsenal de la république. L'ancien
arsenal fut détruit par Lysandre en 404. Après la victoire de
Conon à Cnide (394), qui rendit la suprématie sur mer aux
Athéniens, et le rétablissement par eux des fortifications du
Pirée, de nouvelles constructions furent entreprises et furent

continuées, plus ou moins vigoureusement, suivant les circonstances, jusqu'à l'occupation du Pirée par les Macédoniens, à la suite de la bataille de Crannon (322). Ces constructions se composaient :

1° De loges (νεώσοικοι) pour mettre à l'abri les vaisseaux, tirés à sec en temps de paix;

2° D'un quai (χῶμα), contre lequel les navires s'accostaient lorsqu'on les armait;

3° D'un magasin d'armes et d'agrès (σκευοθήκη).

Or, les inventaires de prise en charge dressés chaque année par les dix intendants des arsenaux (ἐπιμεληταὶ τῶν νεωρίων) mentionnent à plusieurs reprises, pendant le cours du iv° siècle, parmi les matériaux destinés aux loges de vaisseaux et au magasin d'armes et non encore mis en place, des *maîtresses tuiles à têtes de lions* (κεραμίδες ἡγεμόνες λεοντοκέφαλοι), qui sont évidemment les analogues de celles ici décrites.

Trois de ces gargouilles de l'arsenal du Pirée ont été découvertes, il y a quelques années, lors du percement d'une rue et de la construction de maisons derrière la douane. Ce sont les deux miennes et une troisième, qui a été portée à Paris isolément et qui a été acquise par M. Julien Gréau. Il n'est pas probable que de nouvelles découvertes aient lieu, tout ce quartier du Pirée étant aujourd'hui complétement bâti, et les fouilles y étant devenues impossibles.

La différence de caractère que présentent ces deux têtes entre elles et avec celle dont M. Gréau est l'heureux possesseur n'a rien qui doive surprendre : les anciens laissaient une grande liberté aux artistes et aux ouvriers chargés des détails d'ornementation de leurs édifices. C'est ainsi que, non-seulement les têtes de lions du Parthénon, mais les métopes mêmes, sont d'exécution très inégale et de sentiment très dissemblable. Pour l'arsenal du Pirée, ces différences sont encore bien plus naturelles, si l'on songe au temps qu'ont duré les constructions.

106. Nègre accroupi et dormant, la tête appuyée sur ses deux mains. H. 0,09.

Athènes ?

107. Artémis, debout, vêtue de la tunique talaire et de l'ampéchonion, la tête couronnée, les cheveux longs et bouclés tombant

sur les épaules. Dans la main gauche, elle tient un arc, et sur
son avant-bras droit replié, un lièvre. H. 0,14.
Phocide.

108. Buste estampé de Dionysos. Le dieu a une épaisse chevelure
frisée et une barbe taillée en pointe. Sur sa tête est posé un
voile qui tombe sur les deux épaules. H. 0,18.
Phocide ?

109. Sirène, représentée comme un oiseau à tête humaine. Elle est
coiffée du polos. H. 0,17; L. 0,14.
Provenance incertaine.

110. Tête de divinité féminine, les cheveux bouclés, le front surmonté d'une stéphané. v⁰ siècle. H. 0,09.
Provenance incertaine.

111. Aphrodite, ou plutôt la déesse phénicienne correspondante,
Anata, également appelée Aschtoreth et Astarté. Elle est debout,
vêtue du diploïdion et d'une tunique ornée sur le devant d'une
bande verticale brodée. La masse de sa chevelure s'étale sur son
dos, tandis que deux tresses sont ramenées en avant sur chaque
épaule. Le bras gauche est replié sur la poitrine, le bras droit
pend le long du corps, et la main droite saisit et ramène le bord
de la tunique. Les vêtements étaient peints en rouge. La statuette est creuse et forme un vase. H. 0,26.
Ile de Rhodes (Camiros?).
Cette figurine est d'un style tellement semblable à celui de
quelques autres trouvées dans les nécropoles de la Phénicie,
qu'il est difficile de dire si elle est de fabrication grecque ou phénicienne. La même question se pose d'ailleurs à propos de
beaucoup de terres cuites de la nécropole de Camiros, parmi
lesquelles il s'en rencontre d'un type tout à fait analogue. Personne n'ignore que les Phéniciens ont eu, dans l'île de Rhodes,
des établissements importants. Camiros était du nombre.

112. Aphrodite, ou la déesse phénicienne Anata. Elle est debout,
les deux bras pendants, les cheveux disposés comme ceux de la
figurine précédente. Son vêtement, composé de la tunique de lin
qui forme par devant de nombreux plis verticaux, et d'une pièce
d'étoffe légère drapée en écharpe, est tout à fait phénicien. H. 0,25.
Ile de Rhodes (Camiros?).

X

Terres cuites d'Asie Mineure

Les figurines d'Asie Mineure proviennent de plusieurs fabriques. Celles dont les produits ont été jusqu'à ce jour retrouvés en plus grand nombre sont :

1º La fabrique de Pergame : la terre est grisâtre avec un noyau noir, très cuite, très dure, un peu poussiéreuse à la surface. Les figurines sont peintes, et la dorure n'y apparaît que rarement et comme accessoire.

2º La fabrique de Cymé : la terre est un peu plus rouge et plus légère que celle de Pergame ; les figurines, peintes et sans dorure, sont presque toujours moulées négligemment ; elles sont le plus souvent recouvertes d'une incrustation très mince, mais très dure.

3º La fabrique de Smyrne : la terre est rougeâtre avec un noyau noir, pailletée de parcelles de mica, bien cuite, mais friable. Les figurines sont de formes très élancées et paraissent souvent être des surmoulages de petits bronzes ou des copies de statues, surtout de l'école de Lysippe ; les types d'Hercule, d'Éros et d'Aphrodite prédominent. Après la cuisson, les figurines ont été enduites d'une couche de jaune brun, plus rarement de rouge, sur laquelle une dorure a été appliquée au moyen d'un vigoureux frottis (voir les lexicographes, aux mots χολόβαφα et χολοβάφινα).

Les terres cuites d'Éphèse et de Magnésie du Méandre ressemblent pour la matière et le caractère d'art à celles de Smyrne. On en a trouvé aussi à Milet et à Mylasa, mais en petit nombre, et je ne saurais préciser les caractères de ces fabriques.

De toutes les terres cuites asiatiques, les seules qui puissent être suspectées sont celles que, d'après les renseignements que j'ai pu recueillir, il faudrait attribuer à la fabrique de Smyrne et que d'autres croient provenir d'Éphèse. Je n'ai pas vu la moitié de celles qui ont été portées à Paris, le principal importateur des figurines asiatiques n'étant point de mes amis. Je ne saurais donc parler de toutes, et je ne puis exprimer de jugement que sur les quinze ou vingt que j'ai pu voir d'un peu plus près. Parmi celles-là, il y en avait une fausse, du reste très reconnaissable ; quant aux autres, je crois à leur authenticité. Mais on comprendra sans peine qu'il n'est pas possible, dans un catalogue, d'indiquer les raisons de ma confiance avec le développement qu'elles comportent.

113. Carpo (Pomone) l'une des trois Ὧραι ou Saisons. Elle est debout, vêtue d'une tunique bleue à manches courtes et à bordure

dorée, serrée par la ceinture immédiatement sous les seins. Par-dessus cette tunique est posé en écharpe un himation rose. La che-velure bouclée de la déesse est entremêlée de fleurs et de fruits. Sa main gauche porte une double corne d'abondance remplie de fruits, et sa main droite est étendue, geste qui, dans la plastique grecque, indique de la part d'une divinité des dispositions bienveillantes. Les couleurs sont remarquablement conservées. H. 0, 21.

Pergame.

114 à 117. Quatre grotesques, trouvés dans la même tombe ; dans tous la maigreur est extrême, et l'ossature visible sous la peau, les gestes sont dégingandés, le crâne d'une conformation bizarre, le visage d'une laideur ridicule :

114. Marchand forain. Debout, renversé en arrière, il tient des deux mains, appuyée sur son ventre, une corbeille évasée (aujour-d'hui brisée), et, la tête au vent, la bouche grande ouverte, il crie sa marchandise. Son crâne forme une pointe au-dessus du front et a un énorme développement en arrière ; son seul vête-ment est un caleçon court et serré, ou pour mieux dire une pièce d'étoffe rectangulaire qui passe entre les jambes et est assu-jettie des deux côtés par de gros boutons. H. 0, 13.

Cette figurine a été décrite et reproduite dans la *Gazette des Beaux-Arts*, septembre 1878.

115. Crieur public. Il est entièrement nu, et son crâne présente la même conformation que celui de la figurine précédente, ses organes sexuels sont déformés, sa poitrine est creuse et son ventre très saillant. Debout, les reins cambrés, la tête renversée en arrière, le haut des bras ornés d'anneaux, une bourse à la main, il fait une proclamation et semble promettre une « bonne récompense. » H. 0, 14.

116. Joueur de balle, également nu, le crâne étroit et développé d'avant en arrière, le nez crochu et épaté, la mâchoire saillante, les lèvres lippues, les organes sexuels déformés. Bien planté sur ses deux jambes, le corps porté en avant, les reins cambrés, il semble attendre la balle de son partenaire ; de la main droite il s'apprête à la renvoyer, et sa main gauche se porte à tout hasard en avant pour être prête à la parade. H. 0, 13.

117. Bateleur vêtu de la blouse et des braies rayées des esclaves galates, la tête couronnée de fleurs, le nez long et pointu, les oreilles énormes et en éventail, la poitrine bombée comme l'est celle des bossus. Debout, les jambes écartées, les bras en action, il semble faire son boniment. H. 0, 14.

On trouve assez souvent en Asie Mineure des têtes de figurines grotesques. Mais les figurines entières sont excessivement rares, et pour ma part je n'en ai pas vu plus d'une quinzaine. Celles-ci ont été choisies par moi comme les plus jolies : l'esprit de la composition, l'habileté de la facture, le soin avec lequel chaque détail est exécuté et subordonné à l'effet d'ensemble, font de ces caricatures de véritables œuvres d'art.

Je ne sais point la provenance exacte de ces figurines : d'après la nature de la terre et les informations vagues que j'ai pu recueillir, je les crois de Pergame.

118. Nain grotesque nu, le crâne chauve, le visage difforme, les fesses saillantes, les jambes courtes. Il marche vivement vers la gauche et ouvre sa bouche toute grande pour crier. On dirait un capitaine de Pygmées menant sa troupe au combat. H. 0,11.

Pergame?

119. Petite fille nue, les cheveux disposés sur le sommet de la tête en deux espèces d'anneaux. Accroupie à terre, elle joue avec une poule qu'elle a saisie par le cou et qu'elle serre tendrement contre elle. L'oiseau, à moitié suffoqué, paraît prendre fort peu de plaisir à ces caresses, et baisse tristement la queue. H. 0,08.

Probablement Pergame.

Cette figurine a été décrite et reproduite dans la *Gazette des Beaux-Arts*, septembre 1878.

120. Éros debout, les ailes éployées, les bras étendus et jadis tenant un arc, aujourd'hui manquant. Cette figurine ressemble beaucoup au célèbre Éros de Praxitèle, dont des copies ou variantes en marbre existent dans les musées. Elle pourrait donc être suspectée. Mais, d'une part, des fragments de figurines semblables se trouvent assez souvent en Asie Mineure et prouvent que des imitations du marbre du grand sculpteur athénien y ont été couramment fabriquées; d'autre part, les traces de radicelles visibles çà et là, notamment du côté gauche du torse, et la pa-

tine de la terre me paraissent des signes d'antiquité tout à fait
inimitables. Quelques traces de dorure. H. 0.19.
Smyrne.

121. Éros enfant, les ailes éployées, assis sur le dos d'un cheval qui
trotte. Il a le bras gauche étendu sur la téte de l'animal, le bras
droit pendant. Nombreux restes de dorure. H. 0,12.
Smyrne.

122. Éros ou Génie ailé, volant, la chlamyde rejetée derrière le dos,
le bras droit levé et tenant une balle, la main gauche posée sur
la hanche et portant une grappe de raisin.

Par derrière, entre les deux ailes, inscription gravée à l'ébauchoir dans la terre encore molle et d'une écriture cursive et né-
gligée. La deuxième lettre, entamée par le creusement du trou
de suspension qui a eu lieu après la gravure, est incertaine. Je
crois lire Μαίχυος, qui serait le nom latin Mæcius, écrit avec une
faute d'orthographe (υ pour ι) très fréquente dans les inscriptions grecques de l'époque impériale. Quelle que soit la lecture
à adopter définitivement, nous avons là, sans aucun doute, le
nom du fabricant de la figurine. C'est, je crois, la seule terre
cuite grecque connue jusqu'à ce jour qui soit signée. H. 0,16.

Provenance incertaine. L'objet est venu par Smyrne, et la
terre ressemble assez à celle de Cymé.

123. Éros debout, les ailes éployées, la tête ceinte d'une couronne de fleurs, la chlamyde rejetée sur l'épaule gauche. De la
main droite, il caresse le cou d'un cygne debout à côté de lui.
H. 0, 18. Cette figurine m'a été vendue comme venant de Pergame. D'après la matière et la facture, je la crois de Cymé.

124. Tête de Jupiter.

125 et 126. Deux têtes d'acteurs comiques.

127 et 128. Deux masques comiques.

129 à 134. Six têtes grotesques.

135 à 141. Sept têtes masculines diverses.

142. Tête féminine.
Ces dix-neuf objets proviennent de localités incertaines d'Asie
Mineure.

XI

Vases de l'Attique

143. Lécythos à fond blanc : offrandes funèbres. Au centre de la composition, la stèle qui surmonte le tombeau. En avant, une femme assise, tenant sur ses genoux une large corbeille dans laquelle on aperçoit un lécythos, un alabastron, et deux couronnes destinées à l'ornement de la tombe. Devant elle, un éphèbe debout, en costume de guerre, la chlamyde sur l'épaule et le pétasos rejeté derrière le dos, tient dans la main droite une fleur qu'il lève, et dans la gauche une lance. De l'autre côté, une servante debout tient un alabastron. Ce vase a été trouvé près du Pirée, dans la partie de la plaine appelée jadis Halipédon, fond de golfe comblé dès une haute antiquité par les alluvions du Céphise. Ses délicates peintures ont beaucoup souffert. H. 0, 31.

144. Lécythos à fond blanc : scène d'offrandes funèbres. Au milieu, la stèle ; à droite, une femme, assise dans une posture d'une élégante noblesse, tient, dans la main droite, un alabastron et, dans la gauche, une corbeille dans laquelle est placée une plèmochoé. Debout en face d'elle, à gauche de la stèle, une servante tient pareillement une corbeille qui renferme une autre plèmochoé. Un morceau de fer qui se trouvait dans la tombe s'est collé contre le vase et adhère fortement. H. 0, 29.

Pirée.

145. Lécythos à fond blanc : offrandes funèbres. Au milieu, la stèle ; en avant, un jeune éphèbe aux cheveux frisés est assis, la draperie rejetée sur les jambes, le torse nu, et chante en s'accompagnant de la lyre à sept cordes. Devant lui, un autre éphèbe se tient debout, la main gauche appuyée sur une lance, la main droite levée ; sur ses doigts est posé un oiseau. De l'autre côté, derrière le jeune joueur de lyre, un homme âgé et barbu s'appuie sur un bâton et se penche comme s'il adressait la parole au

mort. L'âme de celui-ci, sous la forme d'un petit être ailé, voltige auprès de la stèle et vient recueillir les témoignages de regrets et les dons apportés sur la tombe.

Ce vase, de dimension exceptionnelle (H. 0,40), est beaucoup mieux conservé que ne le sont en général les lécythi. Le dessin est d'une grande élégance et la composition différente de celles que l'on trouve d'ordinaire. La représentation de l'âme du mort est extrêmement rare.

Athènes.

146. Coupe à fond noir et peinture rouge, haute de 0,08 et large de 0,20. Elle a été décrite par moi, et reproduite d'après un dessin de M. Dardel, dans le *Bulletin de la Société des Antiquaires de France*, 1878, p. 47 à 50. « Au centre, » disais-je dans ma notice, « dans un encadrement circulaire, est un homme nu courant vers la droite : il a la tête couverte d'un casque levé de manière à laisser le visage à nu, et tient dans sa main droite une courte lance; à son bras gauche est passé un bouclier échancré du côté droit, de façon à laisser au guerrier plus de liberté dans le maniement de ses armes; ses jambes sont protégées par des cnémides. Dans le champ est peinte en lettres rouges la signature de l'artiste : Χαχρυλ(ί)ον ἐποίεσεν; l'iota, qui, d'après la disposition des lettres, devait se trouver sur le fond rouge du casque, ne se distingue point, mais la restitution en est certaine.

» La signature de Chachrylion est connue depuis assez longtemps. M. de Witte, dans son mémoire sur les *noms des fabricants et dessinateurs de vases peints*, et Brunn, dans son *Histoire des artistes grecs*, la signalent sur sept coupes, dont six à figures rouges et une seulement à figures noires. Sur l'une de ces coupes, passée de la collection de Canino à la pinacothèque de Munich, elle est associée à celle du célèbre Euphronios : Χαχρυλίον ἐποίεσεν : Εὐφρόνιος ἔγραφσεν. Elle est toujours écrite de la même manière: la lecture Καχρύλιος, donnée par Raoul-Rochette dans sa *lettre à M. Schorn*, p. 35, et celle Καγχρυλίον, indiquée par Otfried Muller dans sa *Commentatio de origine pictorum vasorum*, sont erronées.

» Aux sept coupes de Chachrylion énumérées par M. de Witte et par Brunn, il faut ajouter les fragments de deux autres, conservés dans l'atelier du Louvre et où le nom de l'artiste, quoique ıncomplet, peut être reconnu sans aucune incertitude. Avec la coupe ici décrite, le nombre des œuvres connues de Chachrylion s'élève donc aujourd'hui à dix. Toutes ont le même caractère artistique : le dessin y est d'une élégance un peu maigre, et, dans les figures, l'étroitesse des hanches, le développement de la musculature des bras et des cuisses, rappellent les traditions archaïques, tandis que la liberté des poses et la souplesse des mouvements attestent à quel point l'art s'était déjà développé. »

Ma coupe, disais-je encore, « quoique elle ne compte point parmi les compositions importantes de Chachrylion, présente à deux points de vue un intérêt tout particulier. D'abord, tandis que les neuf autres proviennent des fouilles de Vulci, celle-ci vient de la Grèce même : elle a été trouvée en pleine Attique, à Valanidéza, à peu de distance de l'endroit d'où provient la fameuse stèle connue sous le nom de *Guerrier de Marathon*. Elle nous fournit donc une preuve de plus du grand commerce de vases qui se faisait entre la Grèce et l'Italie, et nous permet d'ajouter le nom de Chachrylion, après ceux de Teisias, de Proclès et de Mécaclès, au catalogue dressé par M. Albert Dumont des artistes dont on a retrouvé des œuvres dans la Grèce propre.

«De plus,» ajoutais-je, «cette coupe brisée en plusieurs morceaux sur le bûcher même du mort, a été recollée sans que la peinture ait subi aucune de ces retouches dont les restaurateurs italiens sont malheureusement si prodigues. Grâce à cette intégrité parfaite, on peut y constater un détail presque toujours invisible sur les vases d'Italie : les traces de l'esquisse faite par l'artiste. Chachrylion a *cherché* son personnage sur la coupe même, simple ment dégourdie et encore un peu molle ; le crayon dont il se servait, en même temps qu'il traçait des traits, écrasait légè‑ rement la terre à peine séchée, et la *brunissait* en quelque sorte sur son passage : de là des lignes brillantes que l'on distingue en éclairant la peinture à jour frisant... Il est donc évident que Chachrylion ne copiait pas un modèle ; il improvisait, il in‑ ventait ses sujets sur les vases mêmes qu'il avait à décorer ; il est, de plus, intéressant de noter que, dans les tâtonnements successifs de l'ébauche, et plus tard dans le tracé définitif à la couleur noire, il a constamment *engraissé* les contours et assoupli les lignes ; il y a là un curieux effort pour corriger un défaut naturel dont il se rendait, ce semble, parfaitement compte. »

147. Grande chytra noire à ornements dorés. Sur le couvercle, couronnes de feuilles de myrte. Sur les côtés, guirlandes de ces mêmes feuilles.

Ce vase contient les os brûlés d'une femme, et des débris d'une couronne formée de feuilles de myrte en bronze doré et de baies du même arbuste, en terre cuite dorée. Dans le même tombeau était une grande pyxis noire, entièrement vide et brisée.

La grandeur et la beauté de ces deux vases semblent indiquer que la personne enterrée dans cette tombe n'était pas du commun. Le myrte étant l'arbre consacré à Déméter, celui des rameaux duquel on se couronnait aux mystères d'Éleusis, on peut présumer que la morte était à tout le moins une initiée à ces mystères, peut-être même une prêtresse de la déesse ou une femme attachée à l'un de ses temples.

Le vase lui-même soulève encore une autre question. Il est d'une espèce qui ne se rencontre presque jamais en Grèce, et ressemble au contraire beaucoup aux vases de Cumes. Les produits célèbres de la fabrique de Cumes étaient-ils parfois portés jusqu'en Grèce? Le fait n'aurait rien d'impossible. H. o, 36.

Pirée.

148. Petit vase à parfums, à deux anses et à panse en forme d'amande. H. o,10. 5.

Athènes (?).

XII

Vases de la Béotie

149. Grande coupe profonde de style asiatique, à figures noires rehaussées d'engobes rouges. A l'intérieur, un coq de combat (on sait quelle était dans toute la Grèce la célébrité des coqs de Tanagra; il en est souvent question dans les auteurs.) A l'extérieur, bande d'animaux réels et fantastiques, quatre de chaque côté : deux sirènes à tête humaine et à corps d'oiseau, taureau, tigre, antilope, lion, bouquetin et de nouveau un lion (en suivant l'ordre de droite à gauche). — H. 0,11. Diamètre 0,33.

Cette coupe, ainsi que la Chytra décrite ci-dessous, provient de Tanagra, et du même tombeau que l'œnochoé de Gamédès, aujourd'hui au Musée du Louvre.

150. Grande chytra de style asiatique, à figures noires rehaussées d'engobes rouges. Sur le couvercle, sept animaux passant, deux lions, deux lionnes, un cygne, une antilope et un buffle. D'un côté de la panse, un lion et un bouc en face l'un de l'autre ; de l'autre côté, deux sphinx affrontés ; sous chaque anse, un cygne ; dans le champ de ces diverses compositions, semis de fleurs. Les anses sont décorées de serpents en relief, ornement très rare. — H. 0,20. Diamètre 0,30.

Comme la coupe ci-dessus, cette chytra a été trouvée à Tanagra, dans le même tombeau que l'œnochoé de Gamédès. Elle est, ainsi que la coupe, un curieux spécimen de la poterie béotienne de l'époque archaïque.

151. Grand bombyle de style asiatique, haut de 0,21, et trouvé à Tanagra. Sur la panse, un coq de combat, aux pattes très courtes, et aux ailes éployées. A sa poitrine est suspendue une amulette de forme carrée. Dans le champ, semis de fleurs.

J'ai déjà dit que les coqs de Tanagra étaient très célèbres pour leur ardeur belliqueuse. On leur donnait le nom de κολοίφρυγες (Pausanias, IX, xxii, 4. — Lucien, *Coq*, 4. — Suidas, aux mots

Ταναγραῖοι ἀλεκτορίσκοι et ἀλεκτρυόνα ἀθλητὴν Ταναγραῖον. — Babrius, fable V. — Hésychius, au mot κολόιφρυξ. — Pline, *H. N.*, X, xxi, 24. — Varron, *de Re Rust.*, III, 9, 6. — Columelle, VIII, 2, 4, 13.)

152. Petit bombyle de style asiatique. Deux tigres ; entre eux, un canard. H. 0,08.

   Tanagra.

153. Petit bombyle de style asiatique. Deux sphinx accroupis ; entre eux, un lièvre ; de l'autre côté : une sirène volant. H. 0,08.

   Tanagra.

154. Petit bombyle de style asiatique. Deux palmipèdes, cygnes ou canards; entre eux, un lièvre. H. 0,08.

   Tanagra.

155. Petit bombyle de style asiatique. Sphinx coiffé du polos, assis, les ailes éployées. Par-devant, un palmipède, oie ou cygne. H. 0,08.

   Tanagra.

156. Petite aryballe sphérique, de style asiatique. Une chouette, les ailes éployées. H. 0,07.

   Tanagra.

157. Petite aryballe sphérique, de style asiatique. Un coq de combat. Par-dessous, une roue à six rayons. H. 0,06.

   Tanagra.

158. Bombyle de style asiatique. Oiseau à tête de tigre, les ailes éployées. H. 0,15.

   Tanagra.

   C'est dans les broderies et dans les tapis de la Phénicie et de la Lydie que les Grecs trouvaient les modèles de ces animaux fantastiques, tel que les griffons (lions à tête d'aigle), les Hippalectryons (chevaux à tête de coq), etc. Je ne connais pas d'autre représentation et ne sache pas qu'aucun auteur nous donne le nom de l'oiseau à tête de tigre ici figuré.

159. Coupe à fond noir et figure rouge. Un guerrier, ou plutôt peut-être un hoplitodrome (coureur à la course armée), courant à toutes jambes et retournant la tête. A son bras gauche est passé

un bouclier rond, dont l'épisème ou insigne est un coq de combat. Dans sa main gauche il tient une lance, et dans sa main droite le grand casque à aigrette et à trous pour les yeux. Dans le champ, l'inscription Ἐπίλυχος χαλός (Épilycos est beau). On sait que les inscriptions de ce genre, ainsi que celles des *coppe amatorie* italiennes, indiquent un présent d'amour. Quatre autres coupes plus ou moins fragmentées et portant la même inscription, ont été trouvées avec celle-là. H. 0,08. Diamètre 0,19.

Tanagra.

160. Canthare noir à long pied, haut de 0,15, trouvé à Thespies. Sur un des côtés est gravée à la pointe une inscription de quatre lignes, en caractères archaïques et en dialecte béotien : Μογέα διδοτι τᾶι γυναῖχι δορον Εὐχάρι τεὐτρετιφάντο χότυλον ὁς χάδαν πιε

(Mogéa donne en don à la femme Eucharis, fille d'Eutrétiphantos, ce cotyle, afin qu'elle boive à longs traits.)

Cette inscription est à la fois curieuse pour le dialecte et pour l'histoire des mœurs. Elle contient une forme remarquable, διδοτι, qui, malgré sa formation régulière, n'avait été admise ni par Krüger, ni par Ahrens, et un mot nouveau χάδαν, équivalent du terme ordinaire χανδόν, et tiré de la forme primitive χάω comme χανδόν est tiré de la forme dérivée χαίνω.

Cette inscription confirme d'une manière inattendue le reproche d'ivrognerie souvent adressé aux Béotiens. Faut-il aller plus loin, et, dans ce cadeau d'un vase à boire fait par une femme à une autre femme, dans cet emploi singulier du mot γυναῖχι soupçonner encore autre chose ? La question reste ouverte.

Ce vase a été présenté par moi à la Société des antiquaires de France, le 23 janvier 1878, et l'inscription a été publiée dans le *Bulletin* de la Société (1878, n° 60 et 61). Elle a été de nouveau publiée par M. Kaibel, qui croit y retrouver des vers, dans *ses epigrammata græca ex lapidibus conlecta*, n° 1130.

NOTA.—Un marchand d'antiquités d'Athènes a contrefait l'inscription de ce canthare sur un autre petit vase ancien. Outre l'indécision avec laquelle les lettres de cette copie sont tracées, d'assez nombreuses fautes provenant de l'ignorance où était le faussaire des particularités de l'alphabet béotien archaïque, trahissent la fraude au premier coup d'œil. Ainsi il a écrit γυναχι pour γυναιχι, Ευψαλι pour Ευχαρι, ψααν pour Χαδαν. Ce curieux échantillon de l'industrie des Athéniens modernes sera vendu avec le monument original.

161. Œnochoé à figures noires : Le départ du guerrier. Monté sur
son cheval, et la lance à la main, il s'éloigne ; son père l'accom-
pagne jusqu'à quelque distance ; à côté de lui, un oiseau, volant
dans la même direction, constitue un présage favorable. H. 0,15.

Thespies.

162. Plèmochoé. Je ne crois pas qu'aucun archéologue ait encore
indiqué le nom de cette forme de vase, d'ailleurs très rare. La
description d'Athénée (XI. 93) est cependant très claire : c'est,
dit-il, un vase en terre, de la forme d'une toupie et solidement
planté sur son pied. Une particularité dont il ne parle pas,
c'est que le vase avait à l'intérieur un rebord destiné à retenir
les matières solides en suspension dans l'eau, de manière que
la partie la plus pure du liquide pût seule être versée.

La plèmochoé était un vase d'usage exclusivement religieux.
Elle avait donné son nom au dernier jour des Mystères d'Éleusis,
parce que ce dernier jour on faisait deux libations dans une fis-
sure du sol, la première vers le levant, la seconde vers l'occi-
dent. Les peintures des lécythi blancs d'Athènes montrent
que la plèmochoé servait aussi aux libations répandues sur les
tombeaux.

Un dernier détail à noter, au point de vue industriel, c'est la
préparation par piquetage qu'a subie le bord du vase avant la
peinture du décor. H. 0,13. Diamètre 0,21.

Thespies.

163. Chytra, de forme particulière et assez rare. Elle se portait au
moyen de ficelles. H. 0,21.

Thèbes.

XIII

Vases de la Corinthie et de la Sicyonie

164. Scyphos de style asiatique, à peintures noires rehaussées d'engobes rouges. Un bélier (animal dont la représentation est assez
rare sur les vases de cette espèce), un cygne, un bouquetin et un
tigre. Dans le champ, semis de fleurs. H. 0, 13. Diamètre, 0, 19.
Corinthe.

165. Œnochoé à embouchure trilobée et à figures noires rehaussées
d'engobes rouges et blanches se détachant sur le fond brun de la
terre. Au centre de la décoration, un entrelacs compliqué, avec
quatre palmettes et quatre fleurs. A droite et à gauche, deux
sphinx accroupis. H. 0, 20.
Corinthie, localité incertaine.

166. Scyphos à peintures noires. Tout autour, des pintades, trois de
chaque côté. H. 0, 11. Diamètre 0, 14.
Corinthe.
Je ne connais aucun autre vase grec représentant des pintades ;
les Grecs les appelaient Méléagrides, et la tradition voulait
qu'elles descendissent des sœurs de Méléagre changées en oiseaux
par Artémis. Dans le temple de la déesse Parthénos, au nord
de la petite île de Léros, on en élevait un certain nombre ; à
Tithorée en Phocide, on les sacrifiait à Isis. Ptolémée Phila-
delphe en faisait porter dans la fameuse pompe Dionysiaque
décrite par Callixénos. Ces oiseaux rares semblent avoir été
longtemps réservés aux dieux. D'après Pline, parmi les volatiles
étrangers qui figuraient sur la table des riches Romains, c'était
le dernier introduit.

167. Petit bombyle de style asiatique, à figures noires et engobes
rouges. Bouquetin paissant, et tigre assis. H. 0, 11.
Ce petit vase m'a été vendu comme provenant de Corinthe ; il
s'en trouve effectivement de cette forme en Corinthie, mais rare-

ment. D'après l'aspect de la terre, je le croirais plutôt béotien ;
toutefois le décor en est plus soigné et les tons plus brillants
qu'ils ne le sont en général sur les vases béotiens.

168. Coupe profonde à figures noires rehaussées d'engobes rouges.
Danse bachique : de chaque côté trois danseurs ; sous chaque
anse, des entrelacs ; semis de fleurs dans le champ. H. 0, 09.5.
Diamètre 0, 19.

Trouvé entre Cléones et Sicyone ; la terre est celle de Sicyone.

169. Scyphos à figures noires rehaussées d'engobes rouges. Danse
bachique : de chaque côté, deux danseurs se faisant vis-à-vis ; sous
les anses, des entrelacs ; semis de fleurs dans le champ. H. 0, 09.
diamètre 0, 13.

Trouvé entre Cléones et Sicyone ; la terre est celle de Sicyone.

XIV

Verres

Je ne connais la provenance exacte d'aucun des numéros ci-dessous.
Les trois contrées de la Grèce où l'on trouve le plus de verres sont la
Béotie, la Corinthie et la Crète ; il est à noter que ce sont précisément
les pays où les Phéniciens se sont établis en plus grand nombre.

170. Amphoriscos de forme ronde, en verre bleu foncé, orné de
zigzags et de rubans circulaires en pâtes jaune et bleu clair.
H. 0,07.

171. Amphoriscos ovoïde, pointu par le bas, en verre bleu foncé,
avec des zigzags et des rubans circulaires en pâtes jaune et bleu
clair. H. 0,07.

172. Amphoriscos de même forme, en verre d'un vert presque noir,
avec des lignes et des zigzags de couleurs jaune et bleu clair.
H. 0,09.

173. Amphoriscos de même forme, en verre bleu pâle, avec des zigzags et des lignes jaunes. H. 0,07.

174. Amphoriscos de forme très élancée, muni d'un pied et de deux simulacres d'anses, en verre d'un beau bleu, avec des lignes en spirales et des zigzags de couleur jaune. H. 0,08.

175. Alabastron en verre opaque, de couleur vert d'eau, avec trois séries de rubans jaunes. H. 0,09.

176. Alabastron en verre opaque, d'un brun presque noir, décoré sur toute sa hauteur de lignes ondulées jaunes et blanches. H. 0,10.

177. Alabastron en verre bleu opaque, avec des séries de lignes ondulées alternativement jaunes et blanches. H. 0,12.

178. Petit flacon de verre lie de vin, avec des côtes en spirale. H. 0,06.

179. Flacon piriforme, en verre bleu clair. H. 0,10.

180. Coupe profonde et côtelée, en verre bleu. H. 0,06; diamètre, 0,09.

181. Patère en verre blanc. Diamètre, 0,17.

182. Verre campanuliforme, décoré de quatre godrons. H. 0,12.

183. Bouteille en verre jaune, la partie inférieure de la panse enfoncée, de manière qu'il ne reste entre elle et la partie supérieure qu'un étroit espace. H. 0,14.

184. Bouteille à long cou et à panse large et déprimée; irisation. H. 0,16.

185 et 186. Deux bracelets en verre bleu.

187. Petit flacon de forme ronde, en verre bleu pâle (son embouchure est cassée). H. 0,04.

XV

Objets divers ·

188. Moule en terre cuite destiné à estamper une partie du dessus d'une grande lampe. Il représente un jeune Triton jouant de la double flûte. Son torse est nu, sa queue de poisson relevée et disposée en enroulements élégants, et le point de jonction des deux natures ingénieusement dissimulé par des feuilles d'acanthe. H. 0,15.

Asie Mineure.

189. Lampe à neuf becs en poterie noire vernissée. Ce genre de poterie est, il est à peine besoin de le rappeler, d'une extrême rareté en Grèce. Diamètre, 0,16.

Athènes.

190. Lampe en terre cuite ; le trou central est entouré d'un fleuron très élégant. Par-dessous, en trois lignes et en lettres du IIe siècle après J.-C., l'inscription : ἁπτέα ἰπ' (faute, pour ἐπ' ou ὑπ') ἀγαθῷ, « à allumer avec bonne chance. » Cette légende, analogue à l'*utere feliciter* (sers-t'en heureusement !) des Latins, se trouve ici pour la première fois. Diamètre, 0,08.

Asie Mineure.

191. Trois débris de manches de pinceaux, en bronze, et quinze coquilles contenant des couleurs, le tout trouvé au Pirée dans le tombeau d'une femme. Parmi ces couleurs, on trouve toutes celles qui ont été employées pour la peinture des figurines de Tanagra, des bleus de nuances différentes, du violet, du vert, du rouge, du brun, du blanc, du noir.

192. Balle de Scorpion, en plomb, trouvée dans la presqu'île de Munychie, au Pirée. D'un côté l'inscription : Δέξαι (reçois cela !), de l'autre, un foudre. Poids 65 grammes. Deux balles semblables mais moins bien conservées, ont été publiées par Vischer (*Antike Schleudergeschosse*, n°s 16 et 17).

FIN.

TABLE

www.ingramcontent.com/pod-product-compliance
Ingram Content Group UK Ltd.
Pitfield, Milton Keynes, MK11 3LW, UK
UKHW031754170726
13836UKWH00002B/989